Nestor Oc...

15
18

Querido Nestor. Es
Cierto que no nos conoce-
mos pero ya el día que
Elgar me introdujo conti-
go sé el Tipo de ser
humano. que eres. Es un Orgullo
poder entregarte Personalmente
lo que fue una Experiencia de
vida Unica. Y que de alguna
manera Siento debo Trans-
mitirla al resto de la
humanidad. Dios Permita
nos demos juntos de la
forma que el Universo lo
decida Tener la misma
misión.
Con Cariño y afecto. [firma]

Autor: Dr. Fernando J. Gabaldon
Título de la obra: *Eclipse Celular*
Número de páginas: 117
ISBN-13: 978-1722796457
ISBN-10: 1722796456
Género: Autoayuda, motivacional, salud, bienestar
Año de Publicación: 2018.
© **Del texto del libro:** El Autor

Edición: Massiel Alvarez
      Book Masters Corp.

Diseño y Diagramación: G2M Studios German Garcia

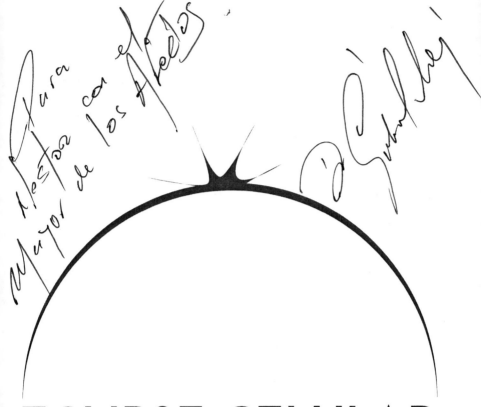

ECLIPSE CELULAR
120 DÍAS DE OSCURIDAD

DR. FERNANDO J.
GABALDON

AGRADECIMIENTOS

A Dios.

A cada una de las células de mi cuerpo.

A mi pensamiento.

A Claudia mi esposa inseparable, antes durante y después de mi convalecencia, ya que sin ella hubiese sido casi imposible superarlo.

A mis hijos Daniela Alejandra, Gustavo Andrés y María Fernanda, fuente inagotable e infinita de amor.

A mi madre por su soporte fundamental para mi tranquilidad durante la hospitalización.

A mi querida cuñada Gabriela y su esposo Ray, por su apoyo incondicional. Mi amor infinito para ustedes.

A mis hermanos. En especial a Gabriel por acompañarme conversando y orando.

A mi primo y hermano Gustavo por su sentidísimo apoyo para sobrellevar este difícil proceso.

A todos los familiares y amigos que estuvieron presentes física y espiritualmente.

A University of Miami Health System.

A Sylvester Comprehensive Cancer Center.

A Leonard M. Miller School of Medicine of university of Miami

Al Dr. Izidore Lossos, MD. Investigador y Jefe de la División de Hematología y Oncología, Director del Linfoma Program, Profesor de Medicina en la University of Miami.

Al Dr. José Soler Baillo, MD.

Al Dr. Kenneth R Nissim, MD.

Al Dr. Alberto Rancati, MD

DEDICATORIA

A ti querido lector,

por difundir este mensaje, que a través de mi experiencia de vida, desde mi alma entrego.

Eclipse Celular

.

PRÓLOGO

Corría una mañana del mes de octubre del año 2017. Me encontraba plácidamente meditando en el balcón de mi casa, espacio donde suelo escribir; lugar que me transporta a los predios donde habita la musa; donde conecto con la vida y sus misterios, con la vida y sus mensajes, con la vida y la gratitud.

De repente mis pensamientos fueron interrumpidos por una llamada telefónica. La persona al otro lado, después del amable y cordial saludo, me preguntó -¿Qué representa el prólogo de un libro para ti?, y sin siquiera analizar la pregunta, le respondí: - A mí me engancha el prólogo, si no lo hace, posiblemente no lea el libro. Estas palabras resonaron incluso en mis oídos y por un momento pensé que había sido una ligereza responder de esta manera, sin imaginar el reto que esas palabras guardaban para mí.

Inmediatamente con la misma espontaneidad que surgió mi respuesta, el reconocido médico y autor de este libro, no se hizo esperar y me confirió el honor y la inmensa responsabilidad que conlleva escribir el prólogo de una obra tan importante como esta. Confieso mi estupor acompañado de la emoción gratificante ante semejante propuesta y ahora sólo deseo que este prólogo invite a leer el libro con la promesa de que muy pronto estará no solo en sus manos, en sus almas y en sus células.

Siento un profundo agradecimiento por el amigo, por el médico, por el paciente, ante la valiosa oportunidad de escribir acerca del Eclipse Celular, ocurrido en lo que él llama sus 120 días de oscuridad.

Es un título motivador, hermoso, cautivante, nos sugiere la palabra "léeme" y yo lo refrendo, ya que para escribir el prólogo, tuve la oportunidad de leerlo en cuerpo y alma, antes de ser convertido en el libro que hoy reposa en vuestras manos. Segura estoy que lo leerán de un solo tirón por su lectura interesante, amena, sencilla y profunda.

Soy Felicia de Marín, autora de Los Días más Extraños de mi Vida, Una Frazada para la Tormenta y coautora del libro Empoderando tu Autosanación, libros que nacen a raíz de mis experiencias al ser sobreviviente o superviviente, como decido llamarme, dos veces de un Linfoma no Hodgkin. La primera vez hace once años en los ganglios y hace menos de un año, en el 2017, en el páncreas. Como pueden observar, puedo calzarme los zapatos de Fernando, con absoluta libertad, aun siendo yo mujer, calzando zapatos de hombre.

Ambos fuimos pacientes del maravilloso centro para enfermos de cáncer, Sylvester Comprehensive Cancer Center, de la prestigiosa Universidad de Miami. Muchas cosas nos unieron, aún sin conocernos. Tal vez para refrendar la misión de vida que decidimos tomar y también para coincidir en el relevante papel de la ciencia y de la fe, como coadyuvantes en el proceso de sanación o recuperación de la salud.

El Dr. Fernando Gabaldon, médico cirujano plástico reconstructivo, con una dilatada y exitosa vida personal y profesional de más de veinticinco años, nos enseña a través de su importante experiencia de salud, el drástico cambio que surge, cuando un hombre de ciencia con su correspondiente pensamiento pragmático, dada la profundidad de dicha vivencia, da paso a un nuevo ser.

Ese nuevo Fernando Gabaldon, resurge a la vida, con un pensamiento absolutamente cuántico, espiritual, coherente y holístico. Este hecho, tal vez no sea visto con buenos ojos, por un sector del gremio médico y científico, por aquello de que no puede ser demostrada una curación, a través del proceso de una enfermedad tan seria como la acontecida a él, que no sea por la vía científica, cien por ciento. Sin embargo, sabiendo perfectamente esta posibilidad, decidió llevar su palabra independientemente de las críticas negativas que pudiera recibir. Así de grande fue el impacto dejado por su convivencia con una enfermedad terminal.

Ser paciente como simple mortal es una cosa, pero vivirla como médico es sencillamente una gran odisea. Estoy segura de que aumentan los niveles de stress, angustia e incertidumbre, ya que un médico conoce perfectamente lo que le está sucediendo a su organismo. En casos como este, la ignorancia ha de ser una bendición, para asumir y procesar sin tanto conocimiento, una seria crisis en nuestra salud.

¿Cómo es posible que un cáncer tan terrible como lo es un Linfoma no Hodking del tipo Mantel Cell, no haya producido una sintomatología de alerta? -Lamentablemente así es. Existe todo un misterio alrededor de enfermedades silentes al principio, y devastadoras cuando finalmente hacen su aparición. En mi caso sucedió igual, cuando el mal apareció ya había causado estragos significativos en mi salud.

Fernando vive, para contar una historia real, enmarcada en renuncias dolorosas, remolinos tormentosos, los cuales hicieron mella lenta pero efectiva, en sus tejidos y sus pensamientos, ocasionando así una alteración en el equilibrio de la maravilla que es un cuerpo humano. Además vive, para decirnos que tomar decisiones de vida en momentos que asemejan jugar a la ruleta rusa, - como relata en el capítulo Extrema Opción- es de valientes, absolutamente de valientes y de almas elevadas en la escala espiritual.

Reitero mi gratitud al Doctor Fernando Gabaldon, por el honor que siento, al prologar un libro tan maravilloso, inspirador y motivador, como este. Leerlo, te llevará de la mano por un viacrucis de amor y fe absoluta. Te sumirá en un relato lleno de la templanza ejemplar de un ser humano fuera de serie.

A lo largo de estas páginas, encontraremos un Eclipse Celular, proseguido de un maravilloso arcoíris, con todos los colores posibles. Es un canto a la esperanza imbuida en la fe tangible, que pocas personas hemos tenido la dicha de conocer.

Sin más preámbulos, bienvenidos a recorrer las páginas de Eclipse celular, 120 días de oscuridad.

Felicia de Marín
Autora- Life Coach- Bloguera -Conferencista
Personalidad de Radio y TV.

Eclipse Celular

CAPÍTULO I
EL ENEMIGO DENTRO DE MI CUERPO.

Todo comenzó el mes de Junio del año 2015, un día miércoles, aproximadamente a las siete de la noche, cuando recibí una llamada a mi teléfono celular.

A partir de ese momento todo en mi vida cambió.

Dos meses atrás estaba con mi esposa Claudia conversando de los preparativos de la primera comunión de mis dos hijos Gustavo y María Fernanda, noté que en la parte posterior de mi cuello se sentía una mínima masa que podía palpar con la punta de mis dedos. A pesar de eso, no sentía ningún tipo de molestia, e incluso ni siquiera era visible. No le di mayor importancia en el momento y decidí comenzar un tratamiento a base de anti-inflamatorios solo durante tres días para descartar que fuese algún proceso inflamatorio. -Debo aclarar que yo soy médico desde hace 24 años y cirujano plástico reconstructivo desde hace 17 años-. En vista de que la pequeña masa no desapareció después de los tres días, decidí esperar una semana más, ya que teníamos la celebración familiar.

Luego de quince días noté que la pequeña masa había aumentado de tamaño y sin embargo, yo no tenía ningún tipo de molestia o síntoma, que indicara alguna otra cosa.

Como médico decidí compartir con un gran colega también cirujano plástico, el Dr. José Soler Baillo, quien luego de un examen físico riguroso, me recomendó que lo mejor era que me viera un gran amigo suyo, el Dr. Kem Nissen, Cirujano Otorrinolaringólogo y Oncólogo de cabeza y cuello. Internamente me sentí algo contrariado, ya que me parecía que no ameritaba a un oncólogo, sin embargo, acepté la sugerencia del Dr. Soler y entramos de la sala de examen a su oficina para llamar a su amigo, el Dr. Nissen.

Después de darse un afectuoso saludo y conversar cordialmente de cosas personales, le hablo de mí, -en ese momento me encontraba frente al Dr. Soler- y grande fue mi sorpresa, cuando al terminar la llamada, me dijo que el Dr. Nissen vendría a reunirse con nosotros en 30 minutos aproximadamente, ya que se encontraba cerca y al siguiente día saldría de viaje a un congreso en New York, por una semana y no quería irse sin antes verme.

-Por un momento me abordó la idea de que todo parecía premeditado- pero al mismo tiempo mi mente repetía que era imposible, al menos para mí. En fin, el destino ya tenía el camino que debería tomar.-

En efecto después de cuarenta minutos de la llamada, llegó el Dr. Nissen, quien luego de conocerme inició un minucioso examen físico de cabeza y cuello, justamente su especialidad como parte del equipo de Cirujanos Oncólogos del Sylvester Comprehensive Cancer Center de la Universidad de Miami, en el estado de Florida, por lo que su impresión diagnóstica, sería determinante.

Luego del examen físico me dijo que no había absolutamente nada excepto la pequeña masa en la parte posterior del cuello, pero que tenía que extraerla para poder dar un diagnóstico histológico a través de una biopsia. En otras palabras, tomarían la muestra de tejido y la analizarían bajo microscopio, para poder determinar con exactitud de qué se trataba.

El Dr. Nissen me dio todas las indicaciones para que coordinara todo con su secretaria, de manera que al regresar de Nueva York todo estuviese preparado para la cirugía. Ese día salimos de la clínica del Dr. Soler aproximadamente a las 8:30 de la noche y al montarnos en el ascensor para bajar al estacionamiento hubo un silencio aterrador. Al abrirse la puerta nos despedimos con un fuerte abrazo y le agradecí todo lo que había hecho por mí y entre bromas le insinué que sentía que me estaba dando todas las armas necesarias para enfrentar a una bestia…

Trascurrieron doce días hasta el momento de la cirugía. Se organizó todo para que se realizara en la unidad de Oncología de cabeza y cuello de Sylvester Comprehensive Cancer Center. Recuerdo que ese día para no causar preocupación a mis hijos, acordé con mi esposa Claudia que ella se quedaría en casa como un día normal y que su hermana Gaby, me acompañaría al Hospital, y así lo hicimos.

Después de dos horas de cirugía bajo anestesia general, permanecí en el área de recuperación y al despertar, llegó el Dr. Nissen a informarme que había removido toda la lesión y que no era un lipoma como yo pensaba, es decir, un pequeño tumor benigno bajo la piel -lo más benigno hubiese sido eso-. Me dijo también que deberíamos esperar una semana por los resultados de la biopsia.

**Las circunstancias extremas no me transforman;
me hacen crecer física y espiritualmente.**

F.J.G.

CAPÍTULO II
EL ENTORNO GIRA A PESAR DE LA INCERTIDUMBRE.

Con muchas semanas de anticipación habíamos programado con una familia amiga y muy querida por nosotros unas cortas vacaciones en Orlando junto a nuestros hijos. Ellos y sobretodo los niños estaban muy ilusionados con el viaje, el cual sería al día siguiente de mi cirugía.

Yo no quise suspender este viaje tan anhelado y tomando todas las precauciones adecuadas, nos fuimos a Orlando como si nada estuviese sucediendo. Eso era lo que yo quería. Que mi nueva situación y sobre todo la ansiedad de la espera de los resultados de la biopsia, no alterara en lo absoluto mi vida, ni la de mis seres amados.

Claudia, mi esposa, manejó todo el trayecto, ya que yo todavía tenía la resaca de la cirugía del día anterior. Juntos llevamos a cabo las mini-vacaciones de tres días. Finalmente, con algunas molestias físicas todavía, pero satisfecho de ver a todos contentos, regresamos a Weston, Florida, lugar donde hemos vivido los últimos cinco años.

-¿Por qué le doy tanta importancia a los años que llevo viviendo en el estado de Florida?

- Porque para mí es trascendental compartir esta trascendental historia de vida, desde la perspectiva tiempo-lugar y su importancia en todo el proceso.

En el año 2011, mi esposa y yo tomamos la difícil e incuestionable decisión de dejar nuestro muy querido país, Venezuela. Queríamos huir de una Dictadura que se veía a venir con toda su fuerza, aparte de la inseguridad desatada en las calles, los sitios de trabajo, las casas, los eventos sociales e inclusive dentro del mismo Colegio de los niños. La pérdida de valores, educación y principios morales básicos de nuestro entorno, se convirtieron en razones muy poderosas para tomar tal decisión, a fin de garantizar el bienestar y futuro de nuestra familia.

Como todo proceso de renuncia, este sin duda alguna fue muy doloroso, particularmente en mi caso, que comencé mis estudios de medicina en el año 1986 en la Universidad de los Andes ubicada en la ciudad de Mérida, una de las más fascinantes de Venezuela. Allí obtuve en el año de 1993 mi título como Médico Cirujano. Con orgullo y queriendo retribuirle a mi país todo lo que la Universidad me brindó, me fui a Caracas, la capital de Venezuela para ofrecer mis servicios a hospitales públicos, durante cinco años. Posteriormente viajé al sur de Latinoamérica, específicamente en la ciudad de Buenos Aires, Argentina, donde fui aceptado en la Pontificia Universidad Católica Santa María de Buenos Aires, donde obtuve el título de Especialista en Cirugía Plástica Reconstructiva y Maxilo-Facial.

Regresé en el año 2002 a mi anhelado país, Venezuela, estableciéndome como profesional, en una prestigiosa clínica de la ciudad de Caracas, donde ejercí mi especialidad por más de doce años.

Sin querer entrar en detalles, porque no es la intención de este paréntesis de la historia, yo vivía como siempre lo había soñado. Sin embargo de qué valía todo aquello, si el país se estaba hundiendo en la profundidad de la ignorancia, con señales contundentes de que no habría mejoras, en el futuro cercano. Sin duda, estábamos siendo testigos de la peor debacle financiera, social y moral, jamás vista en un país como el nuestro. Hubiese sido egoísta y hasta irresponsable, si yo me hubiese quedado en mi mundo, sin pensar en mi familia, negándome a considerar otras opciones que nos permitieran vivir en libertad, y al mismo tiempo, no poder ofrecer a mis hijos oportunidades para que lograran sus sueños como los había logrado yo, alguna vez, en un país que me brindó la oportunidad de alcanzarlos.

En el año 2012 decidí introducir ante los servicios de inmigración de los EE.UU, la solicitud de una visa de habilidades extraordinarias, ya que contaba con un historial muy importante de trabajos de investigación, publicaciones, entrevistas y reconocimientos a nivel nacional e internacional. Luego de un tedioso y largo proceso me fue otorgada la visa en el año 2013 y en el mismo año recibí la residencia permanente. Hasta ahora parecía todo de cuento de hadas, pero ya tenía más de un año en un proceso interno de renuncia… - ¿Renuncia a qué? - Renuncia a mi país, a mi gente, a mis costumbres, a mi idioma, a mis raíces, a mi historia y a la de mi arraigo por los aportes que mis bisabuelos y abuelos dieron con su sabio conocimiento a mi Patria, Venezuela. Todo eso sin contar con la renuncia a mi especialidad como médico, a mi clínica y a mi amada AQUITANIA, nombre de uno de los logros más grandes para mi esposa e hijos, esa era nuestra casa, nuestro hogar. Una casa en la montaña rodeada de pinos y neblina, la cual pudimos disfrutar por siete años.

Luego de haberme desprendido de todo, ya estaba en el país del sueño americano, para comenzar desde cero.

Por motivo de colegios y tranquilidad para nuestros hijos, durante su vida estudiantil, decidimos vivir en la ciudad de Weston, Florida, lugar que se convirtió en nuestro nuevo hogar, hasta la fecha de publicación de este libro.

Usted estará preguntándose -¿pero de qué puede quejarse o reprocharse este hombre, si hizo lo que se propuso? O quizás es una pregunta que me hice, en mis continuas conversaciones conmigo mismo. Había logrado la meta de estar en otro país y no precisamente en cualquier país, sino en uno de los mejores del planeta, en cuanto a seguridad y oportunidades se refiere. –Sí, eso era cierto- pero también era cierto, que yo no me quejaba de eso...

Mientras la superficie del océano se vea quieta y en silencio, sus profundidades son como una lucha de corrientes que van y vienen causando remolinos tormentosos que succionan con fuerza hasta lo más profundo, donde ya la luz no llega.

Durante todo este proceso silencioso, se fueron desencadenando demonios invisibles que recorrieron sigilosamente la organela más mínima de cada una de mis células, tejidos, órganos y sistemas corporales, afectando mis pensamientos, emociones y conducta. Lo cierto es que muy lentamente se había generado un ambiente irregular para el equilibrio natural de mi organismo.

En las antiguas civilizaciones Greco-Romanas hace ya más de dos mil años, Hipócrates, había establecido una estrecha relación entre el cuerpo humano y sustancias básicas generadas por nuestro cuerpo llamadas humores. Estas sustancias serían de origen líquido y su equilibrio indicaría el estado de salud del individuo.

Me preguntaba: -¿Estaba entonces cambiando mi personalidad con tanta tensión, stress, frustración, impotencia por todo lo que sin darme cuenta se había generado dentro de mi cuerpo?

-¿Podrían mis células verse afectadas por ese desequilibrio interno generado paulatina pero constante y permanentemente?

Todas estas interrogantes no tuvieron respuesta hasta muy poco tiempo después de regresar de mi corto viaje a Orlando.

A veces los pensamientos cantan de un modo que aterra. Es como si el mundo temblara.

F.J.G

CAPÍTULO III
DESCUBRIENDO AL ASESINO SILENCIOSO

Después de quince días de espera, desde que me practicaron la biopsia, finalmente recibí una llamada del Sylvester Comprehensive Cancer Center de la Universidad de Miami, Florida. Era el Dr. Nissen, mi cirujano.

En ese instante me encontraba conduciendo por la autopista interestatal I-95 en dirección hacia el Norte del estado de la Florida, ya que regresaba a mi casa en Weston, luego de un día agotador, entre quirófanos y cirugías con el Dr. J. Soler Baillo, cirujano plástico muy reconocido, quien me brindó la oportunidad de asistirle en sus casos quirúrgicos.

Al contestar la llamada el Dr. Nissen me saludó muy afectuosamente para seguidamente decirme que ya tenía los resultados del estudio histopatológico, es decir de la biopsia.

Recuerdo que me preguntó qué estaba haciendo en ese momento, y si me encontraba en condiciones para poder hablar. Le contesté que estaba conduciendo en dirección a mi casa, pero que me dijera los resultados que yo me sentía tranquilo y preparado para escucharle. Él insistió preguntando si yo prefería llegar a mi casa primero, pero le contesté de inmediato que no, que yo quería escuchar los resultados.

El Dr. Nissen, no se hizo esperar y de inmediato prosiguió: - Fernando siento decirte que el resultado no es bueno, la biopsia determinó la presencia de una Neoplasia, un Linfoma no Hodking del tipo Mantel Cell. Es todo lo que puedo decirte hasta el momento, ya que la evolución y gravedad del mismo va a depender de la realización de muchos otros estudios, pero necesito que lo antes posible te vea el Oncólogo especialista en Linfoma, el Dr. Izidore Lossos, quien estará esperándote el próximo martes a la 1:00pm.- Con una voz casi paternal agregó, -por favor maneja con tranquilidad y llámame al llegar a tu casa.

Mientras lo escuchaba, el tono de mi voz se tornó un

poco débil, pero alcancé a contestar que entendía la gravedad de lo que me estaba diciendo y me despedí agradeciéndole la llamada, así como su preocupación por mi estado en ese momento.

Seguí manejando... me sentía aturdido y apagué la radio del auto, mientras con los ojos fijos enfocados en la autopista comencé a sentir un frio indescriptible en ambas piernas. Un ligero temblor y una presión en mi pecho. Coloqué ambas manos sobre el volante, apreté con fuerza y con la mente en blanco, continué conduciendo hasta mi casa, que se encontraba como a seis millas de distancia. Este último trecho del camino se me hizo eterno.

Finalmente llegué y estacione mi auto fuera de la casa. Lo apagué y me quedé dentro aproximadamente por veinte o treinta minutos. En ese tiempo pasaron por mi cabeza miles de pensamientos y sensaciones de impotencia, frustración e injusticia. Me sentí acorralado. Era una situación que no podía cambiar y mucho más difícil para mí, ya que como médico, sabía perfectamente que no me estaba enfrentando a cualquier cosa.

Permanecí dentro del auto, hasta que la frialdad en las piernas y la presión en el pecho, bajaron de intensidad. Comencé a respirar profundo y colocando mis manos sobre la cabeza cerré los ojos. En cuestión de minutos desaparecieron totalmente las extrañas sensaciones antes descritas.

Antes de bajar del auto hice un par de llamadas, la primera al Dr. Nissen diciéndole que ya estaba en casa, y la segunda al Dr. Soler para contarle lo que estaba ocurriendo; recibiendo de ambos gran solidaridad y apoyo.

Finalmente bajé del auto para entrar a casa, sabía que con la intuición de Claudia mi esposa, iba a ser imposible ocultar tal situación.

Entré y de inmediato crucé a la izquierda, directo hacia a mi habitación. Esa no era mi costumbre, ya que por lo general, llego a casa en busca de los niños y de Claudia para saludarles y preguntarles cómo estuvo su día. Este comportamiento inusual despertó cierta sospecha en Claudia y mientras me dirigía al closet de la habitación sentí su muda presencia a mis espaldas. De inmediato preguntó, -¿Pasa algo?

¿Todo está bien?- Di la vuelta hacia ella y la abracé fuerte y sostenidamente, mientras ella preguntaba, - ¿mi amor pero qué pasó?, ¡dime por favor!

-Por más que apretaba la mandíbula para no sollozar, se me salieron las lágrimas y con una voz ronca y llena de miedo, le dije: - Me llamó el Dr. Nissen y me dio los resultados de la biopsia. Tengo un Linfoma. -Seguí abrazándola y nos sentamos en la cama.

Ella no sabía que decir porque primero no tenía idea de la gravedad del diagnóstico y segundo porque al ver mi cara se podía imaginar que no se trataba de algo bueno. En ese preciso instante al sentarnos, se me ocurrió decirle también: - Mi amor no nos preocupemos ahora, ya que el Oncólogo especialista en Linfoma, todavía no me ha visto y hasta que él no nos de su impresión, no podemos saber a ciencia cierta, cuál será el pronóstico de este linfoma.

Lo que si era un hecho, es que el Linfoma era no Hodking del tipo Mantel Cell o de Células de Manto, también llamado Linfoma Silente, porque no da sintomatología alguna, sino ya muy cerca de la muerte, por lo que yo decidí llamarlo el "Asesino

Silencioso".

Era jueves en la noche y deberíamos esperar hasta el martes siguiente, es decir cuatro eternos y ansiosos días, para ir a la visita con quien me diría hasta qué punto este asesino silencioso había logrado su preciado objetivo, de acabar con mi vida.

Esa noche del día jueves y todas las noches siguientes, mi mano izquierda no dejaría de soltar la mano derecha de Claudia, no teníamos conversación alguna, solo nos apretábamos la mano y respirábamos profundamente.

Esporádicamente durante la madrugada, podía escuchar el ligero llanto de ella, y enseguida yo respondía con algún gesto de apoyo o palabra de tranquilidad y de seguridad.

Decidimos no decir nada a los niños y actuar con absoluta normalidad, hasta tener más información de mi evolución, pronóstico y tratamiento.

Fernando J. Gabaldon, MD

Para sobrevivir no hay que ser el más fuerte, solo hay que responder mejor al cambio.

F.J.G.

Eclipse Celular

CAPÍTULO IV
LA VISITA

Finalmente llegó el día martes, día en que el Dr. Izidore Lossos, Oncólogo, me recibiría en su consultorio, ubicado en el Silvester Comprehensive Cancer Center, Miller School of Medicine de la Universidad de Miami.

La cita era a la 1:00 pm y ya a las 12 meridiem tanto Claudia como yo, estábamos en la sala de espera. Nuevamente apareció la presión en el pecho, mientras retumbaban acelerados los latidos de mi corazón asustado.

Mientras esperaba, detallaba el rostro de todos y cada uno de los pacientes allí sentados, y les confieso que todos se veían como cadáveres vivientes. Como médico estaba acostumbrado al panorama, pero como paciente, lo desconocía por completo. Lo que más me impactó fue la actitud y aptitud de resignación que emanaban sus ojos apagados, opacos y perdidos en el espacio. No había un vestigio de luz o de brillo que reflejara una mínima esperanza de querer seguir viviendo. Nada alentadora mi primera visita.

Estábamos en un segundo piso, la temperatura era fría y detrás de las sillas donde nos encontrábamos sentados, había una gran pecera. No era fácil determinar donde había más desolación, si en esos pobres y descoloridos peces, o en los pacientes que esperaban por su control, todos diagnosticados con Linfoma.

A la 1:30 pm se abrió una puerta y llamaron a Mr. Gabaldon, -ese era yo- asintiendo me incorporé y me invitaron a pasar. Ahí estaba la enfermera, lista para cumplir el protocolo. Me hizo varias preguntas generales, me tomó la presión, me pesó, me midió, y por ultimo colocó un termómetro de mercurio bajo mi lengua durante un minuto, para posteriormente hacerme pasar a un pequeño consultorio.

Claudia entró conmigo y enseguida me senté en la camilla de exámenes. Apagué mi teléfono móvil y bajo un sepulcral silencio, esperamos al Doctor. Aproximadamente después de diez minutos se abrió la puerta, y apareció el Dr. Izidore Lossos. Al verlo me remonté a la década de los años ochenta, cuando recibía clases de Anatomía, Fisiología y Bioquímica, en la Universidad de los Andes, Venezuela, ya que era para mí la imagen irrefutable del típico Profesor de la Facultad de Medicina, con altísimo nivel académico y científico, pero sobretodo catedrático. Físicamente se proyectó como un hombre saturado de conocimientos, sencillo, de muy pocas palabras, algo inexpresivo diría yo, ligeramente encorvado, debido al peso de sus conocimientos, con una mirada fija y penetrante al hacer las preguntas clínicas. Vestía corbata y una larga bata blanca, con tres bolsillos; uno arriba y dos laterales, repletos de cosas, por su puesto. Sin duda tenía todo lo necesario para realizar el examen físico o la semiología a cualquier mortal. A partir de ese momento, yo sería otro más de sus pacientes, si así lo ameritara.

Luego del preámbulo del interrogatorio el Doctor me pidió quitarme la camisa y comenzó a palparme la cabeza y el cuello, con toda la superficie de sus manos, especialmente con la punta de todos sus dedos, ejerciendo una presión suave pero firme, con movimientos circulares lentos. Tomó todo el tiempo necesario para hacerlo. En un segundo logré verle el rostro y él estaba realmente inspirado, con sus ojos cerrados escudriñando con su experiencia, tratando de sentir de manera extraordinaria la patología que mi cuerpo no manifestaba. Es importante resaltar, que hasta ese momento estaba asintomático, es decir, no manifestaba síntomas. Lo único que tenía era la cicatriz que había dejado quince días antes, la extracción del pequeño tumor en el lado derecho de mi cuello.

Así continuó con el resto de mi cuerpo, haciendo énfasis principalmente en cabeza, cuello, tórax, pulmones, corazón y extremidades.

Culminó con todo el examen físico, para luego sentarse callado a escribir notas en la computadora aproximadamente por quince minutos. Luego comenzó por decirme que había encontrado inflamación en todos los ganglios de mi cuello y debajo de la mandíbula, así como también en la región inguinal. No podía por ahora emitir ningún pronóstico, ya que debía descartar invasión o metástasis del linfoma y que por supuesto para ello, debía realizar una gran cantidad de estudios, tanto de sangre como de imágenes, incluyendo punción de la médula ósea. Una vez hecho esto, recopilaría toda esta información para poder decidir cuál sería el camino a tomar, dependiendo de la estatificación definitiva del Linfoma.

El Doctor fue sumamente claro al trasmitirme la seriedad de la situación, ya que el Linfoma no Hodking, tipo Mantell Cell, era un Linfoma sumamente agresivo y además sigiloso. No causaba síntomas, sino ya cuando quedaban muy pocos meses de vida.

Debido a esto, tendríamos que actuar rápido en la ejecución de todos los exámenes necesarios para luego regresar a una nueva cita, y conocer definitivamente, a qué clase de asesino nos estábamos enfrentando.

Nunca consideres el estudio como una obligación; sino como una oportunidad tangible para desarrollarte.
F.J.G.

CAPÍTULO V
SESENTA DÍAS DE INVESTIGACIÓN INTERNA

Comenzó para mí una carrera en busca de lo que realmente era importante. Lo que sería el pronóstico con la clasificación y el estadio del Linfoma.

Iniciamos con la extracción de sangre para un sin fin de pruebas especiales, cuyos resultados tardaron unos veinte días, en llegar. Mientras tanto me fotografiaban internamente con la más alta tecnología. CT-Scan de cabeza y cuello con contraste, CT-Scan de tórax con contraste, CT-Scan de abdomen y pelvis con contraste, PET Scan de todo el cuerpo y finalmente punción de la médula ósea.

Durante este proceso, conversaba a menudo con quien fuera una de las personas que más influyó en mi especialidad, como cirujano plástico, en la Ciudad de Buenos Aires, Argentina, el Dr. Alberto Rancati, profesor, pero sobre todas las cosas amigo.

Alberto es un personaje extraordinario, llevamos casi veinte años de amistad y hemos hecho profesionalmente, muchas cosas juntos. Cirugías, presentaciones, congresos e inclusive dictado cursos prácticos con cadáveres, dirigidos a mastólogos y cirujanos plásticos reconstructivos con la finalidad de mejorar las técnicas quirúrgicas en el tratamiento del cáncer de mama, para así disminuir considerablemente el margen de error durante la cirugías. Por cierto, fue para mí un honor que el Dr. Rancati me nombrara Representante del Grupo Oncológico Latinoamericano, conocido por sus siglas, GOLAM, en Florida, EEUU.

Él fue de gran apoyo, ya que maneja a perfección todos los protocolos diagnósticos en oncología y podíamos intercambiar constantemente ideas y aclarar dudas que me surgían diariamente.

Quise asumir este período, como una etapa de esperanza, recibiendo lo menos malo de todas las posibilidades, es decir, que fuese un Linfoma Mantell Cell incipiente, localizado, no invasivo, sin metástasis, y que esto me conllevara a recibir un tratamiento sencillo y rápido que no interfiriera con mi proyectos de estudio y trabajo, los cuales estaba apenas comenzando después de la obtención de mi residencia permanente en los EEUU.

Pasaron aproximadamente veintisiete días cuando me llamaron de Miller School of Medicine, específicamente del Departamento de Linfoma, para decirme que ya tenían todo los resultados y que el Dr. Lossos nos citaría para una nueva visita.

La desilusión es un llanto mudo que aturde.

F.J.G.

CAPÍTULO VI
SEGUNDA VISITA. MÁXIMA TENSIÓN.

El estado que hasta el momento prevalecía en mí, era el de incertidumbre total, con la esperanza que dentro de lo malo, el pronóstico fuese el menos malo posible.

Llegó el momento de la segunda visita y nuevamente me encontraba ahí, en aquella fría y tétrica sala de espera. En ese momento mi situación era distinta, ya no estaba pendiente de los pacientes que allí se encontraban, a la espera de ser vistos por los oncólogos, sino que mi mente estaba concentrada tratando de controlar la ansiedad que me producía estar a pocos minutos de enfrentarme a la verdad. El Dr. Lossos tenía conocimiento de todos los resultados que definirían el proceso.

Curiosamente se repetía el día de la semana para esta nueva visita, martes, esta vez 11:00 am. De nuevo en voz de la misma enfermera, escuché mi nombre retumbar en mis sensibles y aturdidos oídos. Pasé adelante y luego del protocolo de costumbre, me encontraba nuevamente en el consultorio, con Claudia, a la espera del Dr. Lossos, que en esta oportunidad llegó pocos minutos de nosotros.

Me encontraba sentado en el borde de la camilla y Claudia sentada a mi derecha. EL Dr. Lossos se ubicó frente a mí, en un pequeño banco. No existía en su lenguaje corporal ningún gesto abstracto, ni afectivo, ni de consolación, ante la abrumadora conclusión diagnostica.

Ante el comportamiento ético en su máxima expresión, me apresuré a preguntar sin preámbulos, -Doctor, por favor dígame ¿qué arrojaron todos los estudios? - Sin ningún titubeo y mirándome fijamente a los ojos me informó que el Linfoma no solo había tomado los ganglios linfáticos del cuello, sino que también se había diseminado por torrente sanguíneo e incluso la médula ósea, se hallaba comprometida. En otras palabras y para hacerlo más simple, tenía un Linfoma Grado IV, es decir, el estadio más avanzado y temible de Linfoma Mantell Cell y con el peor pronóstico.

Para que se entienda mejor, el Linfoma no Hodking, tipo Mantell Cell, puede ir del Grado I al Grado IV y esto lo determina la extensión, el tipo y número de estructuras comprometidas o afectadas. En mi caso, y repito, a pesar de permanecer asintomático, ya las células cancerosas habían tomado parcialmente el control, tanto en mi sangre, como en mi médula ósea, además por supuesto, del sistema linfático.

Estático y con mi rostro congelado de oír aquello, me nació del alma preguntarle, - ¿Doctor qué pasaría si yo decido no hacerme ningún tratamiento? -Si esa fuera su decisión solo le daría tres años de vida como mucho, pero no sabría decirle en cuanto tiempo usted comenzaría a deteriorarse, y a tener muy mala calidad de vida. - Pero Doctor, yo me siento muy bien, saludable desde todo punto de vista- y enseguida me interrumpió diciendo, -recuerde que usted tiene un cáncer indolente.

Continué este diálogo con la persona que tenía todos los recursos científicos, para comenzar a declararle la guerra física y destruir a este asesino silencioso, y yo, la víctima, era la persona que ya no tenía posibilidad de realizar proyectos, o por lo menos, verlos realizados a mediano plazo.

Impotencia, impotencia, impotencia... era lo único que saturaba mi pensamiento. Sin embargo, al mismo tiempo surgía una necesidad extrema en escuchar lo antes posible, cuáles serían mis opciones de tratamiento, para poder iniciar la destrucción de algo invisible, que no podía ni sentir, pero que me tenía como presa y que lentamente me seguiría consumiendo hasta acabar con mi vida, en solo treinta y seis meses o menos.

En este instante no escuchaba ningún ruido. Estaba simplemente concentrado, mirando al Dr. Lossos, en espera de que me dijera que opciones de tratamiento tenía. Entraron al consultorio dos doctores más del equipo de investigación, cosa que pasé desapercibida, mientras atentamente preguntaba por mis alternativas. ¿Cuántas eran? ¿Cuáles eran?, ¿Qué características tendrían?, ¿Cómo podrían ayudarme?, ¿Cuál sería la más confiable?, ¿La mejor, o la menos dolorosa?, ¿La más segura?, ¿La más probada?

En fin, eran infinitos los cuestionamientos que en milésimas de segundos, mis neuronas trataban de asimilar y procesar.

Soy lo que elijo.

F.J.G.

Eclipse Celular

CAPÍTULO VII
TRES OPCIONES MÁS UNA

Por motivos de practicidad, pero sobretodo de simplicidad resumo al máximo y con términos sencillos mis alternativas de curación.

Mi Primera opción, era no hacer nada al respecto; esta evidentemente no era una opción terapéutica pero indudablemente era una opción. Sin embargo frente a esta posibilidad, ya había escuchado anteriormente el posible desenlace, treinta y seis meses de vida, sin precisar, en qué momento comenzaría el deterioro de mis capacidades tanto físicas como funcionales.

Mi segunda opción, podría haber sido recibir de forma ambulatoria, modestas dosis de quimioterapia con mínimos efectos adversos, que me permitirían cierta calidad de vida, pero con muy poca posibilidad de curación. Esta podría ser una alternativa para pacientes de edad avanzada.

Mi tercera opción, era la posibilidad de ser sometido a sesiones de quimioterapia durante un periodo de dos a tres años, además de un trasplante de médula ósea, con una sobrevida y remisión total y absoluta de la enfermedad, hasta de un 65%. Esta opción es la más común de todas y con un éxito probado de más del 60%.

Hasta el momento las cartas ya estaban echadas sobre la mesa. Era lo que había, era lo probado, era lo que estadísticamente estaba aceptado universalmente, para el tratamiento de mi Linfoma.

Yo no era un paciente cualquiera, y digo esto porque como ya muy bien lo saben me sentía 100% activo y saludable, sin mencionar mi fuerza y actitud frente a esta tragedia.

Tomando esto en cuenta, el Dr. Lossos había reservado para mí una cuarta y última opción. ¿Cuál sería?, ¿por qué no la mencionó junto a las otras?, ¿en qué consistía esta desconocida y probable alternativa? Como siempre, mi mente incisiva segregaba preguntas, con la avidez de un estudiante aplicado.

El Dr. Lossos lanzó sobre la pequeña mesa de posibilidades, su más valiosa y preciada carta, una opción experimental, llamada por mí, la "Extrema Opción". Era en realidad mi cuarta y personalísima opción, ya que según los estudios de investigación llevados a cabo por el Dr. Lossos, todo indicaba que yo era el paciente perfecto para aplicar este protocolo de investigación.

Sin querer entrar en detalles técnicos y tediosos me de inmediato investigué en qué consistía el protocolo experimental.

La cuarta opción colocaba frente a mí la posibilidad de someterme a un agresivo tratamiento experimental de alto riesgo, pero con un alto porcentaje de curación o remisión absoluta de la enfermedad, en comparación a las demás alternativas terapéuticas planteadas.

De inmediato mi voz interior, cada vez más audible, preguntaba: ¿Hasta qué punto estaría yo dispuesto a ser sometido como un conejillo de Indias a este experimento?, ¿qué tan alto sería el beneficio obtenido?, ¿hasta qué punto podría yo resistir un tratamiento tan agresivo?

La respuesta a todas estas interrogantes dependía de múltiples factores o variables pero sobre todas las cosas, lo más interesante de esta cuarta opción era que tenía la posibilidad de curación, y era de un 98% - léase con calma y admiración - si lograba resistir las particularidades del tratamiento.

Para mí, como médico, pero más aún como paciente, fue impactante escuchar esta cifra porcentual en comparación al 65% o 68% que me ofrecía la opción más probada universalmente, es decir, la quimioterapia a largo plazo, con trasplante de médula ósea.

Fernando J. Gabaldon, MD

Eclipse Celular

58

CAPÍTULO VIII
EXTREMA OPCIÓN - EL EXPERIMENTO

El protocolo experimental consistía en someterme a altas dosis tóxicas de agentes quimioterapéuticos, combinados de manera continua durante un período de hospitalización de noventa a ciento veinte días, con lapsos muy breves de recuperación, llevando a su mínima expresión mi sistema de defensa inmunológica. Esto con el objetivo de que no se registrara en la sangre ni una célula blanca, leucocito o glóbulo blanco.

En otras palabras, sería como una bomba atómica, con características químicas que generarían la destrucción celular total, de mi noble y bendecido cuerpo.

La agresividad del tratamiento mermaría mi salud produciéndome terribles efectos secundarios, que irían desde la inflamación de mucosas y membranas en mi tracto digestivo o Mucositis, hasta convulsiones.

Bueno, hasta aquí parecía que todo estaba dicho. Me dieron una semana para que lo pensara y tomara una decisión.

Recibí por parte del equipo de investigación, un portafolios de aproximadamente sesenta hojas, donde explicaban con lujo de detalles todo el protocolo científico, aspectos médico-legales, así como todas y cada una de las complicaciones que podrían presentarse, es decir, mareos, convulsiones e inclusive la muerte por fallo renal, hepático o colapso cardio-vascular.

También estaban las cláusulas legales donde exoneraba al centro hospitalario y al equipo de investigación encabezado y dirigido por el Dr. Lossos, de toda responsabilidad, frente a los riesgos que enfrentaría con el tratamiento.

Con ello se determinaba que la responsabilidad era absolutamente mía, es decir, me lanzaban del avión, pero si no se abría el paracaídas era mi responsabilidad. ¡Qué fuerte todo esto! - Sentía que estaba entre la espada y una pared con clavos de hierro oxidado.

Fernando J. Gabaldon, MD

CAPÍTULO IX
LA TOMA DE DECISIÓN

Cualquiera que fuese la decisión, tenía que tomarla con premura, ya que mientras más rápido fuese sometido al tratamiento, mayor eran las posibilidades de sobrevida.

Claudia y yo salimos del hospital alrededor de las 5:00pm, nos montamos en el auto todavía confundidos por tanta información. Prevalecía una enorme incertidumbre, a pesar de haber aclarado todas las dudas en cuanto al pronóstico y tratamiento. El hecho es que ahora solo dependía de mi decisión. Tendría que escoger cual ruta o camino transitar en este desafío de enfrentarme a mi enemigo silencioso, el Mantel Cell.

Tomamos la autopista hacia el norte para dirigirnos a casa, el recorrido nos tomaría cincuenta minutos, aproximadamente. En el trayecto se me ocurrió comentarle a Claudia que hiciéramos una parada en casa de su hermana Gaby, en la ciudad de Hollywood, ya que se encontraba en un punto equidistante entre el hospital y nuestra casa. Tanto mi cuñada Gaby como su esposo Ray eran personas muy cercanas y queridas, pero sobre todas las cosas, habían estado al tanto de todas las dificultades de índole personal, desde nuestra llegada a los EEUU, además de tener una relación muy especial con nuestros hijos.

A eso de las 5:30pm estábamos tocando la campana de la puerta. Nos estaban esperando. Gaby nos abrió y pasamos al vestíbulo. En esa área reinaba el silencio, había una luz tenue que asomaba tímida por las ventanas. Percibí un aroma campestre en el ambiente y a lo lejos se escuchaba el canto de unos pájaros, como anunciando que pronto el clima cambiaría.

Nos sentamos en la mesa del comedor y a los pocos minutos llegó Ray de su oficina, y pronto estábamos todos sentados allí en ese espacio que inspiraba tanta paz. Las paredes eran de color blanco, con un gran ventanal panorámico desde donde se podía apreciar el hermoso jardín cuyas palmeras bailaban entrelazando sus hojas a medida que eran sometidas por el viento.

La visita se prolongó hasta las 7:40 pm y pudimos Claudia y yo hacer una gran catarsis con la presencia de mis cuñados. Eran las primeras personas a las que les confiábamos esta situación, que había comenzado desde hace cincuenta días aproximadamente, desde el diagnóstico. Yo en lo personal sentí que esa visita a la casa de Gaby, mi cuñada, alivió mucho la tensión, ya que el apoyo que recibimos de su parte y de Ray fue incondicional. Todos coincidimos en evaluar muy bien todas las opciones y respetar finalmente la decisión que yo tomaría al respecto.

Finalmente llegamos a casa, mis hijos todavía despiertos, eran alrededor de las 8:15 pm. Ellos se habían quedado con su abuela, mi madre. Los abrazamos y casi enseguida se fueron a sus camas a dormir.

Coloqué sobre la mesa del comedor el protocolo experimental para luego leerlo detalladamente.

Pasaron tres días desde que me entregaron la información y ya yo tenía el conocimiento de todos los detalles del tratamiento. Era sin lugar a dudas un bombardeo químico continuo, con efectos colaterales extremos para el organismo, pero con una posibilidad de curación de un 95%. Valía la pena asumir tal riesgo y así lo hice, esa entonces fue mi decisión, la opción extrema, mi extrema opción. El reto más difícil, pero el que me ofrecía mayor porcentaje de curación. No iba a ser fácil, pero tampoco imposible.

Una vez tomada la decisión, me comuniqué con el equipo de investigación para coordinar otros aspectos legales y firmas de documentos, con el fin de internarme en el hospital durante los próximos noventa días.

Nunca imaginé las condiciones que enfrentaría durante una internación en condiciones de aislamiento extremo, pero en ese momento, era lo último en qué pensaría.

Creí estar en la cima,
pero me faltaba el trecho más difícil.
F.J.G.

CAPÍTULO X
UNA EXPEDICIÓN AL OTRO MUNDO

Un mes de que se hiciera el diagnóstico, habiéndolo aceptado, asimilado y además elegido la opción terapéutica, acudí al Sylvester Comprehensive Cancer Center, en Miami, Florida, donde fui internado para iniciar el tan mencionado protocolo experimental. Muchas eran las expectativas, ya que como modelo experimental, eran muchas las variables que afectarían los resultados.

Un día antes de la hospitalización, decidí hacer algo con mi cuerpo. Fui a una barbería y le dije al barbero que cortara mi cabello con la máquina, usando la hojilla número uno, para de esta manera raparme la cabeza completamente. Esta no era una decisión cualquiera, ya que el efecto psicológico que produjo en mi fue demoledor. Sin embargo, sentí que debía hacerlo para quitarle poder al efecto adverso de la quimioterapia. Con este acto, fui yo el que decidió quedarse sin cabello y no el tratamiento al que sería sometido. Este sería mi pequeño triunfo, como ritual de guerra contra el enemigo silencioso.

Después de consumar mi acto heroico, regresé a casa y cuando mis hijos me vieron, sorprendidos me preguntaron por qué me había cortado el cabello de esa manera. Les respondí que con eso tendría más fuerza para pelear contra el Linfoma. Mentalmente la imagen sería la misma y el cambio físico menos impactante, a mi regreso del hospital. De esta manera entré sin cabello al hospital y salí sin cabello del hospital.

Qué extraño era preparar equipaje para una expedición como esta. Lo había hecho tantas veces para ir a un congreso médico, a una reunión de cirugía plástica, a un viaje de negocios o simplemente para ir de vacaciones con mi familia; pero nunca para irme a lo que en ese momento para mi representaba un campo de batalla, donde después de una lucha titánica entre el Mantel Cell y yo, solo uno saldría con vida.

Hasta ese momento, mi enemigo contaba con muchas más ventajas que yo. El venía desde hace años destruyendo mi cuerpo de manera sigilosa, y silente, al punto que ya había destruido la forma normal de las células de mi sistema linfático, médula ósea y células sanguíneas. Todo esto sucediendo dentro de mí, sin yo saberlo. Nunca hubo un síntoma una molestia o algo que me hiciera sospechar su presencia destructiva.

Comencé a revisar mentalmente desde mi perspectiva científica y humana los recursos con que contaba para ir a esta expedición fatal.

Tenía artillería pesada, es decir, dosis tóxicas y combinadas de quimioterapia personalizada, para exterminar todas las células malignas y reducir mi sistema inmune a su mínima expresión. Contaba además con un líder y comandante en jefe de artillería, representado por el Dr. Izidore Lossos.

Por otra parte me aseguré de empacar un arsenal de pensamientos positivos y constantes, llenos poder y saturados de la certeza de sanación que emanaba desde lo más profundo de mis entrañas. Activé mi planta de energía de alta frecuencia, para comenzar a reconstruir toda mi estructura celular. En toda esta parte del proceso de empaque espiritual y emocional el comandante en jefe, era yo.

Cuando comencé a reconocer mi propia ignorancia, apareció también la sabiduría.

F.J.G.

CAPÍTULO XI
LA ARMADURA DE LA FE

El primer día de hospitalización fue inolvidable. Llegué al ala oeste del hospital, donde trataban a los pacientes de Linfoma en Aislamiento. Observaba las caras ligeramente sonrientes del personal médico, enfermería y administrativo que transmitían el mensaje de apoyo, de solidaridad, de cooperación. En algunos otros rostros percibí compasión, tristeza e incluso pesimismo.

Me negué desde el primer segundo de mi hospitalización a recibir una mala vibración, pesimismo, queja, desilusión, desesperanza, aburrimiento, rutina, arrogancia, lástima, complejo, pena, humillación y lo más importante, la falta de Fe.

Me pregunté a mí mismo, dadas las circunstancias y el lugar donde me encontraba, ¿Cuál era el significado de la Fe?

Antes de responder debo decir que soy católico y

fiel creyente del Espíritu Santo. Creyente de ese misterio divino que está representado en un solo Dios, un Dios Trino, Padre-Hijo-Espíritu Santo y que representó sin duda, esa energía espiritual mágica envolvente que llenó mi corazón encendiendo la llama de la Fe representada por el fuego del Amor de Dios. Al recibir ese Espíritu Santo, estaba albergando en mi ser a Dios y a su Amado Hijo Jesús, para de esta manera aceptar su Divina Voluntad.

La Fe significó en mí el más puro, positivo y poderoso pensamiento, de que mi cuerpo fue sano siempre por naturaleza, y que si yo fui capaz de enfermarlo por la razón que fuere, también tenía el poder y la capacidad de curarlo. De hecho esto fue lo que sucedió con todo este Big-Bang que se generó en mi estructura celular gracias a la alta frecuencia energética que generó mi firme convicción de FE, en el creador del universo que todo lo pudo, mientras estuve en línea de comunicación directa, pura, de agradecimiento, humildad y amor, con ÉL.

Ninguna persona que se encontrara a mi alrededor podía imaginar la concentración mental y espiritual en la que me encontraba, podría decir que entré en un pseudo-transe.

Ese primer día de hospitalización, desempaqué mis cosas, ordené la habitación, me cambié la ropa que traía puesta, por otra más cómoda.

Comenzaron a colocarme hidratación a través de un puerto venoso torácico o vía venosa central, que me habían colocado. Esta vía central forma pasó a ser parte de mí. El resto del día fue hidratación preparando mi cuerpo para el bombardeo.

Al día siguiente, comenzaría la administración de altísimas dosis de uno de los agentes químicos más fuertes. Dentro de los efectos adversos de este esquema terapéutico pude experimentar desde lo más simple hasta lo más severo. En orden de severidad, podría mencionar, dolor de cabeza, jaquecas, migrañas, escalofríos, temblor incontrolable, mareos, pérdida del equilibrio, náuseas, vómitos, diarrea, hipo permanente, conjuntivitis, picazón de la piel, enrojecimiento, mialgias o dolor muscular severo, mucositis o inflamación generalizada de las mucosas, desde la boca hasta el ano y finalmente convulsiones.

Se describió también la posibilidad de haber padecido

episodios de psicosis transitoria, estado psiquiátrico que por fortuna no experimenté.

La fuerza interior que tuve fue inmensa. Estaba acostado en una cama, simplemente esperando como un conejillo de laboratorio. No hablaba. Agradecí a Dios todo lo que sucedía. No dudé ni un momento. Sabía que ganaría la batalla.

Durante mi aislamiento, en la puerta de la habitación además de haber estado prohibida la entrada, también decía, "Paciente bajo protocolo Experimental". Esta última etiqueta me hizo ser un paciente diferente, ya que solo podía ser atendido por el personal del equipo de investigación. Todo tenía que ser autorizado verbalmente y por escrito, por el jefe de investigación, Dr. Lossos. La historia médica fue elaborada manualmente, ninguna nota de evolución se realizó a través del programa de computadoras del hospital. Hecho curioso, pero es una de las exigencias que todavía rige los estudios de investigación.

La primera noche en Sylvester fue eternamente interminable. Miraba todo a mi alrededor, estaba incómodo, extrañaba mi cama, la almohada, la habitación de la casa, mis hijos, María Fernanda y Gustavo de 8 y 11 años respectivamente. Ellos se habían quedado con la abuela Constanza, mi madre, pero no dejaban de ser para mí, una preocupación permanente.

En el lado izquierdo de la cama se encontraba una mesa de noche, seguida por una gran butaca extensible y a lo lejos un diván tipo sofá-cama, donde se encontraba Claudia acostada, bajo un ancho ventanal. Frente a este panorama, respire largo y profundo a través de mi nariz, para luego exhalarlo por la boca muy lenta y silenciosamente, intentando no causar ruido alguno. Con este ejercicio de respiración consciente enfoqué mis pensamientos en uno solo.

Mi único pensamiento y mantra era: - *Toda la fuerza, todo el poder y la creencia absoluta de que por arriba de todo, estaba Dios Omnipotente, conmigo siendo UNO, Él estaba en mí, y yo estaba en Él. Mi sufrimiento era su sufrimiento, su fuerza era mi fuerza.* Finalmente conversando con Dios de esta manera, me pude dormir.

Finalmente amaneció. A las 5:30 am entró a la habitación el Dr. Lossos y detrás de él su equipo de médicos y enfermeros.

En menos de tres horas estaría bajo la administración de uno de los medicamentos más fuertes. Me prepararon con una pre-medicación para disminuir los efectos indeseables, sin embargo fue una experiencia que jamás quisiera repetir.

A las 8:00 am, me administraron una mínima dosis del medicamento a través del catéter torácico. Con un goteo lento y continuo, me monitorearon permanentemente. Justo a los 45 minutos, comencé a sentir una desesperante picazón en la cabeza, que se extendía por orejas y garganta. Sentía mucho ardor al tragar. Luego comencé a temblar hasta el punto de oír el ruido de mis dientes, cuando incontrolablemente chocaban entre sí. Involuntariamente las lágrimas salían de mis ojos, por lo vulnerable que estaba en aquel momento. Mi cuerpo no obedecía al deseo de querer controlarlo, para que dejara de temblar.

El enrojecimiento y la picazón en la cabeza, las orejas y cuello era cada vez mayor y ya no podía tragar.

En ese momento decidieron bajar la dosis a la mitad y comenzar a subir de nuevo la concentración cada media hora. Esta fue la única forma de tolerarla.

Durante la administración de este medicamento, como base del protocolo experimental, fui monitoreado permanentemente, debido a los efectos secundarios.

Mareos, sensación de lengua inflamada, fiebre, dolor en la garganta, fogonazos en la cara, picazón insoportable, falta de aire al respirar, sarpullido, úlceras en la boca y labios, ampollas en el torso y cuero cabelludo, diarrea, tos, mucho dolor en la cintura y de costado, sed, nerviosismo, pérdida del apetito, ojos enrojecidos, sangrado en la orina, heces negras, hematomas, debilidad extrema y dolor en el pecho, fueron algunos de los síntomas que padecí durante toda mi hospitalización.

Además de estos desagradables efectos secundarios, cuando me combinaban otros medicamentos quimioterapéuticos experimenté: aceleración del ritmo cardíaco, anemia, ojos y piel amarillos, perdida del cabello, escalofríos, cosquilleo en los dedos, gusto desagradable en la boca, dolor en brazos y piernas, diarrea, dolor de cabeza, visión borrosa, confusión, convulsiones, agitación, depresión mental e inquietud.

Yo no me quejaba de nada, al contrario cuando me preguntaban repetidas veces como me sentía yo respondía de inmediato que estaba bien, que por favor me mantuvieran las dosis altas, porque yo quería cumplir el protocolo estrictamente a las dosis máximas estipuladas. Yo estaba aferrado a ese 98% de posibilidad de curación. Esa fue mi meta y mi propósito al tomar esa decisión.

Estuve cinco horas sometido a ese extenuante proceso y a como a la una de la tarde, sentía que había corrido el Maratón de Boston. Cansado y con un fuerte dolor de cabeza, comencé a pensar en mi hija mayor, Daniela, a la que desde bebe llamé cariñosamente, Nany. Tal vez por ser la que físicamente se encontraba más lejos de mí, ya que estaba en Madrid, España.

A las 4:00 pm me comenzaron a administrar una combinación de tres agentes químicos antineoplásicos en altísima dosis, lo que terminó de debilitarme y vomité incontrolablemente. Desde ese momento en adelante, sentía que el esófago, la garganta y la boca me ardían. Lloraba del dolor, pero no salía de mi boca una sola palabra de queja o de lamentaciones.

Durante toda la noche y por los próximos días estuve con migrañas, náuseas y vómitos, todos los días. El desgaste físico fue severo pero a pesar de ello, tuve que reorientar la energía espiritual. El pensamiento fue positivo a pesar de que físicamente con los días el deterioro era mayor.

Por momentos sentí que la lucha era entre mi malestar físico y mi energía mental. Generaba contantemente pensamientos cargados de energía positiva y se minimizaban mis dolencias.

Con toda seguridad, usted, que se encuentra en este preciso instante, sumergido en esta historia, se pensará -Con todos estos efectos del tratamiento es casi imposible soportar físicamente tanto desgaste y tanto daño a su organismo. ¿Cómo pudo soportarlo?

O puede estar pensando: -Si no lo mata el Linfoma Mantel Cell, al final lo mata el Tratamiento.

Por lo general todo el mundo piensa en los efectos negativos de la quimioterapia. En todos los efectos secundarios. Lo primero que se les viene a la cabeza es, se me va a caer el pelo, voy a perder peso, no tendré fuerzas, voy a deteriorarme físicamente, tendré dolor, me sentiré rechazado, no seré el mismo de antes, mi vida no será igual después de la quimioterapia.

Qué tal si yo les sugiero a todos los que piensan de esta manera y que inevitablemente tienen que enfrentar a esta situación, que dejen todas estas creencias a un lado. Que cambien el chip de su memoria y que a sabiendas de que los efectos a nivel físico, los efectos a nivel mental se pueden evitar reestructurando el pensamiento. Si tu situación actual, es que tienes cáncer y debes ser sometido a quimioterapia, el efecto deseado debe ser CURARTE. Por lo tanto, entre la situación actual y el efecto que deseas existe un proceso, y en este proceso, ubicamos a la quimioterapia como parte de las herramientas para tu CURACIÓN. En este sentido la quimioterapia se vuelve ALIADA y deja de ser algo negativo. Tu PENSAMIENTO comienza de manera paulatina, lenta, constante y consistente, a percibir los efectos de la quimioterapia como algo necesario para lograr el efecto deseado de la curación.

Se comienza entonces a desmontar la falsa creencia con respecto al tratamiento, que por más nocivo que parezca, ahora será una de las herramientas para tu sanación. Se inicia un proceso de restructuración del pensamiento a través de una relación de causa-efecto. En vez de relacionar quimio con síntomas indeseables, ahora tu mente comenzará a relacionar quimio con el resultado deseado, y ¿cuál es ese resultado? LA CURACIÓN.

Ahora que proyecto esto desde mi pensamiento cuando veo la palabra "Quimioterapia", la relaciono con, "Resultado Deseado" representado en Salud, Sanación y Curación.

SA---------------Herramienta-------------RD
Enfermedad.   Curación.

Una de tus herramientas, La quimioterapia, es tu aliada, está de tu parte, juega en tu mismo equipo, te ayudará a vencer esta batalla.

Es importante darle las gracias cuando te la administren, perdónala por los efectos que te produce, siente que son necesarios para tu curación y ayúdala bajo tu profunda humildad y Amor a abrirle las puertas de tus células para que cumpla su función química, necesaria para lograr el efecto deseado (RD).

Por supuesto la quimioterapia es una de las Herramientas para lograr la curación, pero NO la única, ni la más importante tampoco. Para que el tratamiento médico tenga un efecto contundente y positivo es fundamental un cambio de actitud frente a la enfermedad.

Fernando J. Gabaldon, MD

El silencio y el aislamiento son obligatorios y necesarios, para empoderar el pensamiento.

F.J.G.

Eclipse Celular

CAPÍTULO XII
EN MEDIO DEL ECLIPSE

Durante los 100 días que estuve hospitalizado, fue indispensable un cambio en el comportamiento ante la enfermedad. La colaboración y la cooperación fueron elementos fundamentales que permitieron la fluidez necesaria para aceptar la situación. Por ejemplo, el solo hecho de No emitir ninguna queja, o renegar ante la enfermedad, otorgaron a cambio una fuerte energía para enfrentarla. Con quejas o lamentaciones aceleraría el desgaste mental, sumergido en un ambiente negativo de baja frecuencia energética con resultados contraproducentes, para alcanzar el único objetivo, La Curación.

Toda esa energía tuve que transformarla positivamente y canalizarla, para así empoderar la FE que llevaría a mi sanación. MI FE ME HA SANADO.

Cada día de mi internación fue difícil, agotador, interminable, doloroso; pero todo esto se desvaneció, desapareció, se esfumó, luego de una increíble y milagrosa experiencia. Esta nueva situación cambió mi vida sin lugar a dudas, y más allá de eso de devolvió la vida. Todo ocurrió durante la hospitalización, aproximadamente al segundo mes de haber sido internado.

Creo que cuando cambié la actitud egoísta y soberbia frente a la enfermedad, y la acepté con amor y humildad. Cambiaron muchas cosas dentro de mí, generando un ambiente interno de paz, agradecimiento, entrega y confianza en Dios. Logré un indescriptible reposo físico y espiritual, que me permitió en los momentos más difíciles, no llorar por dolor, sino por agradecimiento ante Dios.

Aproximadamente a los dos meses de estar hospitalizado, llegó una noche en la que pensé que sería mi última. Me sentía fatal, no podía respirar bien, me dolía todo, me ardía todo, sangraba por las heces y orina, no podía hablar por la debilidad y tenía un hipo constante que me atormentó por más de doce horas. Pensaba que ya no podía con todo aquello.

Era tanto el sufrimiento que ya no sentía más de lo que sentía.

Con voz débil y sin fuerzas, pude llamar a Claudia y le pedí que se sentara a mi lado, que me tomara de la mano y no me soltara. Era como una despedida. Así lo sentía. Lo que nunca pude predecir fue lo que ocurrió a partir de esa noche.

Estuve 17 días desconectado de la realidad. Fue como un coma. Respiraba y dormía, eso era todo. No comí, ni bebí agua por todo ese periodo de transe, llamémoslo así. No estaba consciente de nada. No veía, no oía, no sentía, repito solo respiraba espontáneamente y dormía profundo. Debo aclarar que esta situación no fue inducida por ningún medicamento. Durante este tiempo no sentía molestia alguna, ni dolor, ni ardor ni ninguna de las indeseables sensaciones que se presentaron con la quimioterapia y el protocolo de investigación. Fue como una sedación profunda para poderme transportar a otro nivel.

Esos 17 días de ausencia marcaron mi vida. Ocurrió la experiencia más increíble de mi existencia, porque Dios me llevo a su lado, me mostró muchas cosas, para luego traerme de vuelta.

Lo crean o no yo lo experimenté y siento desde lo más profundo de mi corazón que debo compartirlo y dar SU mensaje.

Fernando J. Gabaldon, MD

El firmamento es el abrazo de lo intangible.
F.J.G.

Eclipse Celular

CAPÍTULO XIII
UN PASEO CON DIOS

Compartiré esta única experiencia más allá de la vida, cuyo regalo y aprendizaje fue el AGRADECIMIENTO INCONDICIONAL.

Si te pidiera que cierres los ojos y te imagines algún lugar donde pudieras ir de paseo con DIOS, ¿qué imaginarías?, ¿a dónde te llevaría?, ¿qué observarías?

Tal vez alguien se transportó a una verde montaña con flores de muchos colores, pájaros, riachuelos cristalinos, una suave y refrescante brisa, bajo un cielo despejado y un sol hermoso y resplandeciente. Otros podrían imaginar un túnel de luz blanca interminable, con una sensación de paz infinita. Otros podrían soñar que ese paseo sería en el paraíso, rodeado de naturaleza, arboles, flores, animales de todo tipo, lagos cristalinos donde reina la paz y la felicidad.

En fin, cualquier sitio que puedas imaginar es posible, porque DIOS es el Creador de todo lo visible y lo invisible. Él podría llevarnos de paseo a cualquier espacio del UNIVERSO.

Dios me llevó de paseo a un sitio inimaginable. Durante este paseo no existió el fondo, la forma, el espacio ni el tiempo. Él me dio una gran lección con este recorrido. Él, como un ser OMNIPOTENTE todo lo sabe. En medio de mi sufrimiento físico, cualquiera podría pensar que me llevó de paseo, por unos de esos hermosos pasajes que describí anteriormente... Pues déjame decirte que NO. No fue así. Lamento defraudarte querido lector.

Qué egoísta somos cuando pensamos únicamente en esos escenarios, cuando imaginamos dar un paseo con Dios.

Una de las cosas más horribles en la vida para un padre, es ver a un hijo sufrir. Cualquiera sea la razón. De igual manera Dios sufre cada vez que alguno de nosotros, sus hijos, estamos pasando por alguna situación difícil. Ahora imagina lo que pudo haber sufrido cuando envió a la tierra a su único hijo Jesús, para nuestra salvación.

En esos 17 días de desconexión absoluta, no estuve solo, DIOS me llevó de paseo al lugar más indicado. Dios me llevó junto a su otro hijo, JESÚS, para que lo acompañara como hermano, en su agonizante camino al Calvario, hasta su crucifixión y muerte.

Dios me llevó de paseo al Viacrucis, para que conociera el camino que tuvo que hacer su hijo Jesús, mi hermano, para nuestra salvación, y así pudiera vivir en carne propia su sufrimiento.

Pude vivir cada instante del camino, yo me encontraba entre la muchedumbre, veía mucha gente y nadie hacia nada para ayudarlo. Lo tuve cerca de mí y Jesús me miraba fijamente a la cara, en cada momento del camino, como queriéndome decir, mira lo que hice por ti y por todos tus hermanos y ¿cuándo me lo has agradecido? No era un reproche, me lo transmitía con mucha humildad y Amor.

Es indescriptible el dolor de las torturas al que era sometido injustamente. Podía ver su cara desfigurada por politraumatismos, su mirada hacia el cielo y su deseo de que la agonía no se prolongara ni un minuto más, pero faltaba camino y Él sabía que terminaría en la crucifixión. Cuánto sufrimiento viví por alguna razón. Mi sufrimiento se desvaneció a la mínima expresión frente a tan dantesca escena de barbarie, dolor, injusticia y humillación que estaba presenciando. Lo peor de todo fue concientizar que durante 47 años de mi vida nunca agradecí a JESÚS lo que tuvo que sufrir por mí. Ya era hora de despertar de ese letargo y DIOS, nuestro Padre, me llevó de la mano, caminé junto a mi hermano Jesús, y sentí de cerca todo ese sufrimiento físico.

Esta historia fue mi experiencia y mi realidad. Si alguien quisiera pedirme prueba de ello, yo solo con mi presencia aquí y ahora, sería la prueba tangible de que este maravilloso viaje espiritual ocurrió.

Fernando J. Gabaldon, MD

Cerré mis ojos y puse una venda sobre ellos.
Con el pasar de los años comencé a llorar desde
el corazón y traspasé la venda con mis lágrimas.

Pude ver de nuevo y aprendí a contemplar las
pequeñas cosas y solo así, me entregaron sus
secretos.

F.J.G.

Eclipse Celular

CAPÍTULO XIV
EL DESPERTAR

Luego de volver a tomar consciencia de vida desperté al día 17 de mi desconexión física con este plano de vida.

Me sobrevino un llanto profundo, como si se generara del alma, de lo más íntimo, de mis entrañas. De repente, desperté. Lentamente levanté mis frágiles y adoloridos parpados y a través de una cortina de lágrimas, pude ver el rostro de Claudia que al verme llorando, luego de haber estado ausente durante 17 días me preguntaba con gran ansiedad y desesperación, qué me pasaba, qué me dolía, qué sentía. Yo casi en un susurro y sin fuerza le dije: -No importa lo que yo sienta olvídate de mí por un instante, no seas egoísta, déjame llorar por el sufrimiento de Jesús, mi hermano. Déjame llorar por el sufrimiento de los demás y con una firme convicción en medio de la calamidad de mi estado físico, reafirme en ese instante, "YO NO TENGO NADA, YO ESTOY SANO, LO MÍO ES ALGO

INSIGNIFICANTE"

En ese momento me invadió una absoluta y certera sensación de SANACIÓN y le dije a Claudia, -Yo estoy curado. Lo pude sentir, lo pude respirar.

Mi energía espiritual se encontraba en alta frecuencia, porque visualizaba como cada una de mis células estaban trabajando a favor de mi sanación. Hasta la expresión más mínima de cada una de mis células, así como las moléculas que conforman sus núcleos, se encontraban generando resultados asombrosos, empoderando todos mis sistemas y órganos, hasta SANAR mi cuerpo, porque mi ALMA ya estaba sana.

"NO SE PUEDE SANAR EL CUERPO, SI NO SE SANA EL ALMA Y EL ESPÍRITU"

Fernando J. Gabaldon, MD

Con el pasar del tiempo, las teclas del alma
emanan una melodía distinta, descubriendo la
música que hay en ti.

F.J.G.

Eclipse Celular

CAPÍTULO XV
EL RENACIMIENTO

¡Renació mi alma,
Renació mi espíritu
Renació mi cuerpo!
Renacimiento de alma y espíritu.

Se empoderó mi estructura de pensamiento porque me basé en la GRATITUD, en LA BENDICIÓN y en LA FE.

¡GRACIAS, GRACIAS, GRACIAS!

Infinitas gracias a todo lo que me rodea. A lo tangible e intangible.

¡BENDECIR, BENDECIR, BENDECIR!

Bendiciendo a diario nuestra salud, familia, esposo, esposa e hijos. Bendecir nuestro hogar, nuestra casa, nuestros seres queridos, nuestros amigos y enemigos. Bendecir nuestro entorno, nuestro trabajo, nuestro dinero. Bendiciones infinitas como elemento vital para vibrar en alto nivel de frecuencia.

¡FE, FE, Y MÁS FE!

Antes para mí era creer y ya, así de simple. Este Renacimiento implicó sentir que la FE SI MUEVE MONTAÑAS, no porque la montaña se desplace hacia ti, sino porque te da la fuerza, la seguridad y el poder de convicción absoluto para poder llegar a la cima más alta de esa montaña que parecía inalcanzable.

FE para mí es PENSAMIENTO PURO, FUERTE y APASIONADO QUE NACE DE UN ACTO DE AMOR Y LOGRA UN RESULTADO.

Suelta tu pensamiento bajo todo riesgo. Pesca tu sueño y no lo sueltes, hasta verlo hecho realidad.

F.J.G.

Eclipse Celular

CAPÍTULO XVI
ECLIPSE CELULAR CONSUMADO

Yo como médico cirujano desde el año 1993 y cirujano plástico reconstructivo desde el año 2001, es evidente que desarrollé al extremo mi pensamiento pragmático, analítico y científico. Especialmente ejerciendo una rama de la medicina tan objetiva y exacta como la quirúrgica.

Desde el año 1986 cuando diseccionaba cadáveres en los auditorios gigantes de anatomía quirúrgica, de mi Alma Matter la Universidad De Los Andes, ubicada en la Ciudad de Mérida, Venezuela, fui moldeando todos mis pensamientos a la ciencia de la Semilogía. Todo absolutamente todo lo tenía que comprobar basándome en la observación, auscultación y el tacto. Así generaba mis diagnósticos clínicos, para luego reafirmarlos con los estudios de laboratorio y de imagenología, generando el diagnóstico definitivo. Así me orienté en todos los aspectos de mi vida, creyendo solo en lo que pudiese comprobar.

Qué ironía haber escrito este libro que interpreta todo lo contrario. Solo una experiencia de vida como la expuesta parcialmente en estas páginas, pudo haber logrado una transformación o mejor que eso, un RENACIMIENTO y estar ahora en un ángulo privilegiado del prisma pudiendo contemplar, bajo la eterna premisa del AGRADECIMIENTO, los colores más intensos y variados de la vida.

Hoy comparto este mensaje y es solo el inicio de toda la contribución que estoy dispuesto a dar a la humanidad, a través de distintas herramientas de comunicación, que ya son una realidad. Libros, talleres, conferencias, life coaching, programas y cursos.

Renací en ALMA Y CUERPO.

El Dr. Fernando J. Gabaldon, tenía sus días de vida contados. Ahora, es el Dr. MOLECULAR y tiene una vida por delante, con la misión altruista de ayudar a la humanidad, desde el AMOR, EL AGRADECIMIENTO Y LA FE.

Dr. Fernando J. Gabaldon   **Dr. Molecular.**

Eclipse Celular

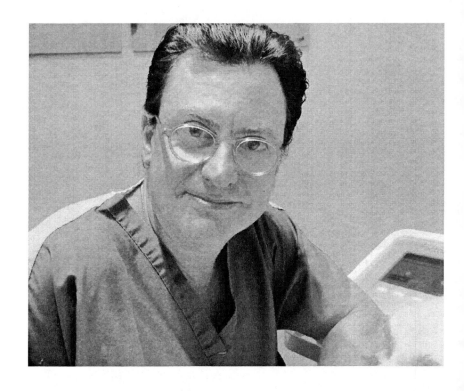

BIOGRAFÍA

Fernando J. Gabaldon, MD

De origen venezolano, cuenta con más de veinte años de experiencia y trece años de especialización en Cirugía Plástica. Egresado como Médico Cirujano de la Universidad de los Andes (ULA), Mérida, Venezuela, una de las universidades más reconocidas por sus continuos aportes a la investigación científica, además de estar clasificada entre las mejores universidades de Venezuela, en todas las disciplinas. Por casi cinco años prestigiosas instituciones de Argentina le brindaron al Doctor Gabaldon la oportunidad de desarrollar su carrera profesional y académica. Es así como inicia sus estudios en la Universidad Pontificia de Buenos Aires, tomando estudios especializados en, Pacientes con Quemadura Aguda y Reconstrucción de Miembros Inferiores, para luego en el año 2003 obtener un Master en Cirugía Plástica y Reconstructiva. Su deseo por aprender, su aguda visión científica y compromiso con su propósito de vida, lo impulsaron a continuar en otras áreas, emprendiendo estudios en la Escuela Europea de Oncología Mamaria, logrando así una especialización en Cirugía Reconstructiva de Mama. Ejerció su profesión como Cirujano Estético Plástico, por más de trece años, en una prestigiosa clínica de atención médica privada, como lo es El Instituto Médico La Floresta, ubicado en Caracas, Venezuela. Su formación académica y experiencia profesional le han hecho acreedor de numerosos reconocimientos, con premios nacionales e internacionales, pasando a formar parte de importantes grupos como el Grupo Oncoplástico Latinoamericano, (GOLAM) donde funge como Representante Académico desde el año 2014 hasta la actualidad. Ha sido Tutor y Jurado de Tesis en el Departamento de Ciencias Morfológicas de la UNIVERSIDAD de ANDES, (ULA) así como Asesor Médico y Director de Investigación Médica de reconocidos Centros de Salud, dedicados al rejuvenecimiento en general. Aclamado orador, ha impartido sus clases magistrales sobre temas de Cirugía Plástica y Estética, en diferentes lugares del mundo. El doctor Fernando J. Gabaldon, como tantos otros profesionales emigró a los Estados Unidos de América, país que le abrió las puertas y en el que actualmente reside con su esposa e hijos. En su incansable labor altruista y apasionada, continúa ofreciendo sus servicios como Médico Asistente de Cirugía, Life Coach Certificado y Conferencista, además de iniciar su saga de vida, agradecimiento y fe, a través de este, su primer libro.

Autor:
DR. FERNANDO J. GABALDON

Contacto:
E:mail: doctor.molecular@gmail.com
Instagram: @doctormolecular

Fernando J. Gabaldon, MD

INDICE

La presente obra ha sido editada por
Massiel Alvarez
Diseñada por
G2Mstudios

Terminado el 20 de Junio del 2018
BOOK MASTERS CORP.
Programa Nobel 11:11

Contacto: bookmasterscorp@gmail.com

Fernando J. Gabaldon, MD